SCHRIFTEN DER PHILOSOPHISCH-HISTORISCHEN KLASSE
DER HEIDELBERGER AKADEMIE DER WISSENSCHAFTEN

Band 53 (2014)

FRITZ PETER KNAPP

Die Geburt des fiktionalen Romans aus dem Geiste des Märchens

Vorgetragen am 25. Oktober 2013

Universitätsverlag
WINTER
Heidelberg

Bibliografische Information der Deutschen Nationalbibliothek

Die Deutsche Nationalbibliothek verzeichnet diese Publikation
in der Deutschen Nationalbibliografie;
detaillierte bibliografische Daten sind im Internet
über *http://dnb.d-nb.de* abrufbar.

UMSCHLAGBILD

Iwein erschlägt den Herrn des Wunderbrunnens.
Maltererteppich (um 1320/30)
aus dem Freiburger Dominikanerinnnenkloster St. Katharina,
Augustinermuseum, Freiburg im Breisgau.

ISBN 978-3-8253-6297-3

© 2014 Universitätsverlag Winter GmbH Heidelberg
Imprimé en Allemagne · Printed in Germany
Druck: Memminger MedienCentrum, 87700 Memmingen

Gedruckt auf umweltfreundlichem, chlorfrei gebleichtem
und alterungsbeständigem Papier

Den Verlag erreichen Sie im Internet unter:
www.winter-verlag.de

Vorbemerkung

Die folgenden Ausführungen beschäftigen sich ausschließlich mit narrativen Texten, nicht mit lyrischen, dramatischen, philosophischen, mystischen, autobiographischen, didaktischen oder anderen Texten. Obwohl in all diesen die Fiktion auch eine Rolle spielen kann, ist die theoretische Fiktionalitätsdebatte bisher aus naheliegenden Gründen fast ausschließlich anhand narrativer Texte geführt worden.[1] – Theoretisch unzulässig ist eine mitunter unternommene Gleichsetzung von Autorbewußtsein, Individualität, Subjektivität mit Fiktionalität, obwohl jene Merkmale wohl zu den Voraussetzungen fiktionalen Erzählens gehören. Dieses bleibt im 12. Jh. jedoch die seltene Ausnahme, während jene zur selben Zeit die Literatur in allen Sprachen massiv zu prägen beginnen.[2] – Die hier vorgelegte Studie ist Ergebnis und Fortsetzung meiner beiden Aufsatzsammlungen Knapp (I) 1997 u. Knapp (II) 2005, auf die nur gelegentlich in den Anmerkungen verwiesen wird, obwohl darin zu weit mehr einschlägigen Punkten ausführliche Überlegungen und weiterführende Literatur enthalten sind.[3] Die Studie ist, obgleich deutsch geschrieben, nicht vom germanistischen, sondern vom komparatistischen Standpunkt aus verfaßt.[4]

Die beigegebenen Bilder haben keine demonstrative oder argumentative, sondern nur illustrative Funktion. Sie markieren in einem anderen Medium wesentliche Etappen der geschicht-

---

[1] Vgl. Gabriel 1997.

[2] Vgl. u a. Imbach 2000; Verbaal 2004; Glauch 2009; Unzeitig 2010.

[3] Andererseits wurden gelegentlich ganze Sätze aus jenen Aufsatzsammlungen in die vorliegende Studie übernommen.

[4] Dazu vgl. Knapp 2011a.

lichen Entwicklung der literarischen Fiktion von der Antike bis ins achtzehnte Jahrhundert.

Mimesis und Fiktion im Rahmen der antiken Weltanschauung

Wer erzählt, fingiert. Menschliches Bewußtsein und Sprache sorgen selbst bei einer intendierten Wiedergabe von bloßen Fakten für eine über diese hinausgehende narrative Transformation, die ohne Fiktion nicht auskommt. Dies geschieht ebenso im Alltag wie in der wissenschaftlichen und literarischen Geschichtsdarstellung. Ja, hier muß Fiktion sogar ganz bewußt die Faktenreihe auffüllen, um ein erzählbares, sinnvolles Kontinuum zu schaffen. Gleichwohl hat die Fiktion hier eine bloß ergänzende Funktion, mögen auch ihre Grenzen im einzelnen schwer zu bestimmen sein.[5]

Im übrigen bildet jedoch Literatur heutzutage ein relativ selbständiges System, „in dem Sprechen von vornherein als ‚Sprechen als ob' bestimmt ist und jede Aussage den Bedingungen eines Fiktionskontraktes unterliegt".[6] Diese nun nicht mehr funktionale und bloß suppletive, sondern autonome und substitutive, also sozusagen pure Fiktionalität kann im Text sichtbar herausgestellt werden, muß es aber nicht, da sie eben selbstverständlich ist. Es empfiehlt sich, zur besseren Verständigung in der Diskussion den Terminus *Fiktionalität* überhaupt diesem zuletzt genannten Phänomen vorzubehalten und so von dem anthropologischen Universale der *Fiktion* abzuheben.[7]

Auch die Fiktion mußte freilich der Menschheit erst einmal theoretisch bewußt werden. Aus dem üblichen, auch hier nicht verlassenen europäischen Blickwinkel betrachtet, geschah dies

---

[5] Vgl. die Diskussion um das Buch von White 1986.
[6] Müller 2004, S. 285.
[7] Natürlich ist die Terminologie arbiträr. Es könnten auch andere Termini gewählt oder auch neu geschaffen werden.

in der Antike eindeutig durch die ‚Poetik' des Aristoteles, auch wenn dieser die Ubiquität der Fiktion verkannte, ja dieses Phänomen selbst überhaupt nicht ansprach. Für ihn erzählte Geschichtsschreibung einfach das wirklich Geschehene, obgleich dies, strenggenommen, gar nicht möglich ist. Aufgabe der Dichtung aber war es nach seiner Ansicht, „das nach den Regeln der Wahrscheinlichkeit und Notwendigkeit Mögliche" (1451a) mitzuteilen. Die Altphilologie hat dies als Entdeckung der Fiktionalität gefeiert.[8] Nach unserer Terminologie hat Aristoteles aber nur das Phänomen der Fiktion bewußtgemacht, allerdings nur jener Fiktion, die nicht oder nur in geringem Umfang von Faktizität ausgeht. Daß es hier keinen absoluten Gegensatz gibt, räumt auch Aristoteles dadurch ein, daß er auch wirklich Geschehenes als Gegenstand der Dichtung erlaubt, wenn es denn wahrscheinlich ist. Wahrscheinlichkeit (εἰκός/*eikós*) ist das oberste Prinzip der Mimesis. Man hat in neuerer Zeit immer wieder versucht, Mimesis nicht als „Nachahmung", sondern als „Darstellung" zu verstehen, obgleich Aristoteles gleich zu Anfang der ‚Poetik' μιμεῖσθαι (*mimeísthai*) offenkundig synonym mit ἀπεικάζειν (*apeikázein*) verwendet (1447a), was zweifellos soviel wie „ähnlich machen, abbilden" heißt. Wenn Aristoteles sagt, der Dichter ahmt (menschliche) Handlungen nach (1451b), so meint er allerdings in der Tat nicht, daß er bereits real vollzogene Handlungen nochmals nachstellt. Aber auch die potentielle Handlung gehört der umfassenden Realität an, wenngleich nur einer vorgestellten, aus unzähligen realen Handlungen abstrahierten Realität, und diese wird in der Dichtung abgebildet oder eben nachgeahmt.

Das setzt freilich die Fähigkeit zu einer solchen Abstraktion voraus, und diese wiederum einen bestimmten erkenntnistheo-

---

[8] Rösler 1980.

retischen und ontologischen Standpunkt. Der Literaturwissenschaftler macht sich selten bewußt, daß die ‚Poetik‘, so groß ihre Wirkung auf die antiken und neuzeitlichen Dichter und Dichtung auch gewesen sein mag, für ihren Autor wie für die ganze Zunft der Philosophen und auch Theologen nur ein bescheidenes Parergon gewesen ist, welches das Ganze der übrigen platonisch-aristotelischen Weltanschauung voraussetzt. Aristoteles und die von ihm abhängige antike und mittelalterliche Philosophie gehen von einer (nach Meinung der Christen von Gott verliehenen) geistigen Veranlagung des Menschen aus, die eine gedanklich-begriffliche Erkenntnis, basierend auf sinnlicher Wahrnehmung, mit – im allgemeinen – verläßlichem Ergebnis ermöglicht. Er teilt also nicht den Skeptizismus der Sophisten. Die Welt ist für ihn objektiv gegeben und der menschlichen Erkenntnis in der angegebenen Weise auch zugänglich, wenn auch in Grenzen.

Wichtiger aber ist noch die ontologische Seite. Auch wenn der aristotelische Hylemorphismus von Platons Ideenlehre abweicht, hat Aristoteles doch wohl an der Einzigkeit und Vollkommenheit des realen Kosmos, wie sie im ‚Timaios‘ Platons formuliert werden, festgehalten. Jedenfalls hat die christliche Scholastik dies angenommen, was für uns hier entscheidend ist. Im ‚Timaios‘ heißt es (in der Übersetzung Friedrich Schleidermachers), die Welt sei „das seiner Natur nach schönste und beste Werk“,[9] und es „gestaltete ihr Urheber weder zwei noch unendliche Welten, sondern dieser Himmel ward als ein alleiniger und eingeborener und wird es ferner sein“.[10] Selbstverständlich wird diese angenommene Perfektion nach den Maß-

---

[9] Platonis Timaeus 30b: κάλλιστον [...] κατὰ φύσιν ἄριστον ἔργον [...].
[10] Platonis Timaeus 31b διὰ ταῦτα οὔτε δύο οὔτ᾿ἀπείρους ἐποίησεν ὁ ποιῶν κόσμους, ἀλλ᾿εἷς ὅδε μονογενὴς οὐρανὸς ἔστι τε καὶ ἔτ᾿ ἔσται.

stäben menschlicher Rationalität vorgestellt. Sie gilt für Makro- und Mikrokosmos. Auch mögliche menschliche Handlungen kann man dann gleichsam ‚ausrechnen‘ – eben „nach den Regeln der Wahrscheinlichkeit und Notwendigkeit".

Wer gemäß diesen Regeln „nachahmt", also der Dichter, geht daher, wie Aristoteles sagt, philosophischer vor als der Geschichtsschreiber, der Fakten berichtet, die etwas Besonderes sind, nichts Allgemeines, welches allein den Philosophen interessiert, zudem etwas Besonderes, das auch ganz unwahrscheinlich sein kann, mag es auch tatsächlich geschehen sein. Aber er ahmt eben nur nach. Denn die Einzigartigkeit und Vollkommenheit des Kosmos läßt es nicht zu, daß der Mensch etwas außerhalb der einen und einzigen Wirklichkeit schafft. Diese kann weder gedoppelt noch ersetzt werden. Die künstlerische Fiktion besitzt also durchaus einen Freiraum, aber einen sehr begrenzten. Das Schöpferische der Kunst beschränkt sich darauf, die nunmehr in der Materie eingefangene Idealität freizusetzen. Alles Neue geht auf schon Daseiendes zurück und kann auch nur darauf verweisen.

Mimesis und augustinische Geschichtsauffassung

Meines Wissens hat diese kosmologische Prämisse erstmals Hans Blumenberg 1957 prägnant herausgearbeitet und in seiner vollen Bedeutung für die Mimesis-Debatte erkannt. Von der Weiterentwicklung dieses platonisch-aristotelischen Gedankens im Mittelalter interessiert ihn aber eigentlich nur die Sprengkraft, welche der Faktor des Schöpferwillens für die Fortgeltung der antiken Ontologie bedeutet hat. Virulent wurde dieser aber erst im Spätmittelalter. Zuvor brachte die Überformung durch den jüdischen-christlichen Schöpfungsgedanken nur eine

10

weitere Einschränkung des künstlerischen Schaffensfreiraums. Nach Augustinus hat Gott, der Inbegriff des Seins, des Wahren, Guten und Schönen (lat. *esse, verum, bonum, pulchrum*), die Welt geschaffen, sie aber nicht sich selbst überlassen, sondern wird sie weiterhin bis zu ihrem Untergang in ihrem Sein erhalten. Gemäß dem Wesen des Schöpfers ist auch alles Seiende (lat. *ens*), hierarchisch vom Schöpfer in Seinsstufen absteigend, wahr, gut und schön,[11] das Böse folglich bloß ein Mangel an Sein. Der Mensch besitzt diese Schöpferkraft nicht, nicht einmal vor dem Sündenfall, schon gar nicht danach; er kann nur bereits Geschaffenes umformen und neuformen, etwa im Handwerk oder auch in der Kunst. Was er in Rede und Schrift scheinbar Schöpferisches, Neues, hervorbringt, ist nur Nichtseiendes.

Daraus ergibt sich auch eine neue Geschichtsauffassung. Die heidnische Antike sah in der Geschichte einander widerstrebende Götter, charismatische Helden, ein ehernes Schicksal oder den blinden Zufall am Werk. Das sollte man aufzeichnen, und man konnte daraus auch Vorbilder und Schreckbilder gewinnen. Aber im Kern blieb die Geschichte undurchschaubar, in der Dichtung im Grunde gar nicht sinnvoll darstellbar. Das

---

[11] Vgl. u a. Augustinus, De vera religione, hg. v. W. M. Green, übers. v. Wilhelm Thimme, Stuttgart 1983, XVIII, 35 *(...) quoniam et per summam sapientiam ea fecit et summa benignitate conservat. Cur ea fecit? Ut essent; ipsum enim quantocumque esse bonum est, quia summum bonum est summum esse. Unde fecit? Ex nihilo, quoniam quidquid est, quantulacumque specie sit necesse est; ita etsi minimum bonum, tamen bonum erit et ex deo erit. Nam quoniam summa species summum bonum est, minima species minimum bonum est.* Ebd., XXXVI, 66 *(...) vera in tantum vera sunt in quantum sunt (...).* Ebd., XXIII, 44 *Et est pulchritudo universae creaturae (...) inculpabilis (...).* Thomas Aquinas, Summa theologica I q. 5 a. 3 resp. *omne ens, inquantum est ens, est bonum*; II-II, q. 109 q. 2 ad 1 *omne verum est bonum, et omne bonum est verum*; Summa theologica I q. 5 a. 4 ad 1 *pulchrum et bonum in subiecto sunt idem (...).*

Christentum verstand dagegen Geschichte als Heilsgeschich-te.[12] Bei aller Unsicherheit im Einzelnen war im Prinzip Gott der Herr der Geschichte. Kein Sperling fällt vom Dach ohne den Willen Gottes (vgl. Mt 10, 29). Das Geschehene ist trotz menschlicher Freiheit letztlich Gottes Werk wie die Natur. Geschichte gewinnt daraus eine Dignität, welche zuvor nur der Natur zukam. Sie wird so in der theologischen Poetik zum bevorzugten Gegenstand der Dichtung. Einsicht in Geschichte vermittelt theologische Einsicht. Philosophische Einsicht steht dahinter zurück, wenn sie nicht gar gefährlich ist.

Die Geschichte als poetologisch privilegierter Gegenstand der epischen Dichtung

Nur vor diesem Hintergrund wird die Kardinalstelle aus den ‚Etymologien‘ des westgotischen Bischofs Isidor von Sevilla († 636) wirklich verständlich, die dem Mittelalter den Weg wies, denn die ‚Etymologien‘ waren einer der Hauptstützen der Bibelexegese und des mittelalterlichen Unterrichts überhaupt und konnten so der Aufmerksamkeit kaum eines Schülers entgehen. Isidor kompiliert für das Poetikkapitel[13] nur antike rhetorische, poetologische und philosophische Aussagen, oft jedoch gemäß ihrer theologischer Auslegung. Das führt zu einer extremen Bevorzugung der *historia*, der Erzählung historischer Tatsachen, und zu der Zulassung nur einer solchen freien Erfindung, welche in übertragener Weise, als Fabel oder Allegorie, Wirklichkeit versinnbildlicht, so also zwar auch nichts Wirkliches, nicht Seiendes hervorbringt, sondern nur *fabula*,

---

[12] Vgl. Goetz 1985, bes. S. 204–208.
[13] Ausführlich diskutiert bei Knapp (I) 1997, S. 19–25; Knapp 2011, S. 276–278.

bloßes Reden (*fari*) ist, sich aber indirekt auf Wirkliches bezieht. Die *historia* lebt davon, daß Geschichte Dignität kraft ihres bloßen Seins, nicht erst in ihrem So-Sein gemäß irgendwelchen rationalen Realitätsprinzipien besitzt. Um diese war es Aristoteles gegangen, nicht um die zufällige Faktizität des realen Geschehens. In christlicher Sicht wird jedoch die Kontingenz im göttlichen Willen aufgehoben, besteht also nur scheinbar. Damit tritt in der mittelalterlichen Literaturtheorie die Wahrscheinlichkeit an Gewicht weit hinter die Faktizität zurück. Freilich wird die Wahrscheinlichkeit weiterhin dringend für das Erzählen benötigt, um damit die Lücken der überlieferten oder angenommenen Fakten zu füllen. Sie hat also Lückenbüßer-, nicht Leitfunktion wie bei Aristoteles. Sie konnte nur als praktisches Mittel, nicht als theoretische Legitimation für die Abweichung von der historischen Wahrheit dienen.

Diese wurde freilich nicht mit modernen Maßstäben gemessen, in der Antike[14] ebensowenig wie im Mittelalter oder der frühen Neuzeit. Vom Standpunkt heutiger Geschichtswissenschaft mag man behaupten, Geschichtsschreibung stelle, wo sie über belegbare Fakten hinausgehe, nichts als Hypothesen auf, welche künftig verifiziert oder falsifiziert werden könnten und sollten, was auf die fingierten Reden, Briefe, Handlungen und Gestalten der historischen Romane eben nicht zutreffe. Hier setze sich die Fiktion klar und eindeutig ab. Wenn dem so sein sollte, wäre diese Antithese jedenfalls nicht älter als der besagte Fiktionskontrakt. Für frühere Zeiten kann sie nicht geltend gemacht werden. Dafür reichte schon die ältere historiographische Methodik nicht aus. Bis heute ist es bekanntlich für den Historiker äußerst schwierig, überall bis zu den Fakten vorzustoßen. Im Mittelalter waren dafür die Möglichkeiten noch viel

---

[14] Vgl. Wehrli 1947; Woodman 1988, S. 70–116 u. passim.

geringer. Zudem rechnete man überall und jederzeit mit dem Eingreifen übernatürlicher Mächte. Nicht nur die Legenden sind von Wundergläubigkeit geprägt. Die so beliebte Geschichtsdichtung genoß überhaupt das Privileg, die Fakten mit Erfindungen zu kitten, die mehr oder minder wahrscheinlich zu sein hatten. Und dem schlossen sich die meisten erzählenden Dichtungen überhaupt an, lieferten also – selbstverständlich abgesehen von gleichnishaften, bildlichen Narrationen wie Fabel und Allegorie – Pseudohistorie in nahezu allen Gattungen, Legende, Bibeldichtung, Weltchronik, Heldenepik und, wohlgemerkt, auch im Roman (in Vers und Prosa). Entscheidend ist dabei nicht die von heutiger Warte aus erkennbare tatsächliche Entfernung von der realen Geschichte, sondern der offen bekundete Anspruch der Autoren, *historia* im damaligen Sinne zu produzieren und dem Publikum als solche erscheinen zu lassen. Er äußert sich in den allgegenwärtigen Beteuerungen, nichts als die historische Wahrheit zu berichten und die Lüge zu meiden, ja, mitunter sogar in der Behauptung, sich auf Augenzeugen zu stützen, welche nach Isidor von Sevilla ursprünglich die einzigen Garanten wahrer Geschichtsschreibung gewesen waren.

Der Ausdruck Pseudohistorie könnte leicht mißverstanden werden. Ein treffenderer ist für dieses Phänomen, eine Erzählung, die sich ausdrücklich als Historie gibt, obwohl sie die historischen Fakten frei, mitunter sehr frei mit Fiktion verbindet und auffüllt, bisher, soweit ich sehe, nicht gefunden worden. Die negative Einschätzung der Pseudohistorie durch die moderne Geschichtswissenschaft ist aus literaturwissenschaftlicher Sicht unangemessen. Schon der antike ‚Alexanderroman‘ zeichnete sich durch reiche Phantasie der Erfindung aus, obwohl er fälschlich unter dem Namen des am Alexanderzug beteiligten Historikers Kallisthenes lief (Abb. 1). Daß schon die antike Geschichtsschreibung an der Zuweisung wie an vie-

14

Abbildung 1: Alexander der Große läßt sich von Greifen in die Lüfte entführen. Illustration in der ‚Historia de preliis Alexandri Magni‘, Hs. Leipzig, Stadtbibliothek, Rep. II. 4°. 143 (spätes 13. Jh.).

len darin berichteten Tatsachen zweifelte, beeinträchtigte den enormen literarischen Erfolg in keiner Weise. Zwar trägt der Roman teilweise auch triviale Züge, und manche mittelalterliche Pseudohistorie ist als ganze von Trivialliteratur kaum zu unterscheiden, doch sie kann von begabten Autoren ebenso zu einem vollendeten Kunstwerk von höchster Qualität geformt werden. Im Mittelalter können als Beispiele etwa in Frankreich der anonyme ‚Prosa-Lancelot‘, in Deutschland der ‚Willehalm‘ Wolframs von Eschenbach genannt werden. Es sind Spitzenleistungen der narrativen Bewältigung der gegebenen Welt mit ihren Vorzügen und Gebrechen. Geschichtsdeutung ist ein mühsames Geschäft, das für den Geschichtsschreiber und Geschichtsepiker erst einmal mit dem Erzählen selbst beginnt. Wolfram von Eschenbach richtet in dieser Absicht zu Beginn des ‚Willehalm‘ ein inständiges Inspirationsgebet an die Dreifaltigkeit. Er versucht, dem in der Quelle vorgegebenen tragischen Geschehen einen Sinn abzugewinnen. Das ist weit entfernt von der Arbeit eines modernen Historikers, aber noch weiter von der eines mittelalterlichen Romanciers wie Chrétien de Troyes, der eine eigene Welt zu kreieren unternimmt. An literarischem Wert steht Wolframs ‚Willehalm‘ jedoch Chrétiens ‚Löwenritter‘ schwerlich nach.

Haugs These von Entdeckung der Fiktionalität im 12. Jahrhundert

Die mediävistische Literaturwissenschaft, selbstverständlich vertraut mit dem zu Anfang apostrophierten modernen Fiktionskontrakt,[15] hat diese Prätention der Pseudohistorie vielfach verkannt, ja sich ihrer geradezu geschämt, weil sie dem gewöhnlichen Anspruch moderner Dichtung entgegenstand, hat daher versucht, die deutlichen Signale des Faktizitätsanspruchs, die Wahrheitsbeteuerungen, Quellenangaben, Versatzstücke der historischen Realität in der mittelalten Erzählliteratur zu

---

[15] Dieser Fiktionskontrakt von Autor und Publikum besagt: Etwas wird erzählt, als ob es wahr sei, obwohl alle wissen, daß es nicht wahr ist. Dergleichen ist dem Mittelalter, soweit ich sehe, unbekannt, sollte daher auch nicht versuchsweise auf mittelalterliche Erzähltexte angewandt werden. Die damalige Poetik gibt dazu nicht den geringsten Anlaß.

16

bagatellisieren bzw. für ironisch gemeint zu erklären. Manche Forscher wie Jan-Dirk Müller (2004) waren allerdings eher bereit, sie ernst zu nehmen, und zuletzt nimmt diese Bereitschaft deutlich zu, wie das Buch von Mathias Herweg 2010 zeigt. Doch selbst Herweg kann sich den Argumenten von Walter Haug[16] nicht ganz entziehen, der seit 1985 unermüdlich die ‚Entdeckung der Fiktionalität‘ durch Chrétien de Troyes[17] in der zweiten Hälfte des 12. Jahrhunderts verkündete. Dennis H. Green hat das 2002 begeistert aufgenommen und nicht nur wie Haug die meisten klassischen Höfischen Romane für rein fiktional gehalten, sondern auch schon aus einzelnen älteren lateinischen Werken wie dem ‚Ruodlieb‘ einen bestehenden „contract between author and audience [...] in a game of make-believe" abgeleitet.[18] Das hat Furore in der Forschung gemacht

---

[16] Haug [2]1992, S. 105.

[17] Die International Medieval Bibliography verzeichnet zu diesem Namen seit 1967 insgesamt 1527 Zeitschriftenartikel, die Bibliographie der französischen Literaturwissenschaft 1305 Artikel und Bücher von 1991 bis 2011. Kein Romanist kann das überblicken, geschweige denn ein Komparatist. Zudem zeigt schon ein Teilausschnitt (der Forschungsbericht zum ‚Conte du Graal‘ bis 2001) von Wolfzettel 2002 eine solche Polyphonie der vorgelegten Interpretationen, daß man ohnehin gezwungen ist, sich ein eigenes Bild anhand der Texte zu machen. Einen gewissen Überblick gewährt auch Lacy (Hg.) 2005. – Gegenüber der Masse der Forschung erscheint das Interesse an der Fiktionalitätsproblematik gering. Kaum jemand zweifelt, daß Fiktionalität im modernen Sinn vorliegt, ohne daß in der Regel Fiktionalität und Fiktion unterschieden werden. Das zeigt sich auch in der letzten mir bekannt gewordenen handbuchartigen Zusammenfassung von Bruckner 2008.

[18] Green 2002, S. 13; vgl. auch S. 25. – Green hat sich bei seiner These noch auf die von Isidor im Poetik-Kapitel der ‚Etymologien‘ am Ende beiläufig angefügten antiken rhetorischen Dreiteilung der *narratio* in *historia . argumentum – fabula* berufen. Das Mittelalter hat dies vielfach aufgegriffen, jedoch unter *argumentum (verisimile)* in der Regel die wahrscheinlichen Ergänzungen zur Faktendarstellung verstanden. Eine Änderung ist erst mit der Rezeption der aristotelischen ‚Rhetorik‘ erfolgt, aus welcher die Gattung der *parabola* übernom-

und da oder dort sogar einen wahren mediävistischen ‚Panfiktionalismus‘ ausgelöst.[19] Obwohl Herweg diesen für ganz unberechtigt hält, räumt er doch ein, man müsse das Konzept Fiktionalität für den klassisch-nachklassischen Artusroman verfügbar halten, hat doch Haug einigermaßen wahrscheinlich machen können, daß Chrétien in seinen ‚reinen‘ Artusromanen eine autonome fiktionale Sinngebung ohne essentielle außerliterarische Referenzen anstrebt und wohl auch erreicht.

Aber auch Haug muß zugeben, daß die mittelalterliche Poetik diesem Phänomen nicht gerecht wird. Denn diese kennt zwar – entgegen einem dem ‚Panfiktionalismus‘ entgegengesetzten modernen Vorurteil, einem ‚Panhistorismus‘ – durchaus die pure Fiktionalität, und zwar in der Form der Fabel und der Allegorie, wo Tiere, abstrakte Wesen etc. entgegen den Gesetzen der Natur (*contra naturam*) sprechen und handeln (*fabula*). Ihre theologische Legitimierung liegt in ihrem parabolischen Bezug auf die Wirklichkeit. Die mittelalterlichen Poetik sagt damit das genaue Gegenteil von dem, was Müller 2004 für mittelalterliches Erzählen behauptet: „Der Übergang zwischen historiographisch fingierendem und fiktionalem Erzählen ist fließend. […] Fiktionalität ist skalierbar.“[20] Nach der mittelal-

---

men und mit dem *argumentum* gleichgesetzt wurde. Doch diese Gattung war durch eigene eindeutige Kennzeichen geprägt: kleinepische Form, Fehlen der Personennamen und ausdrückliche Gleichnisfunktion. Dies habe ich an anderer Stelle ausführlich dargestellt: Knapp 2009. Mit dem fiktionalen Roman hat es nicht das Geringste zu tun.

[19] Hierher gehören einige der Beiträge zu dem Sammelband Volker Mertens, Friedrich Wolfzettel (Hgg.): Fiktionalität im Artusroman, Tübingen 1993. Ein extremes Beispiel wäre etwa Ulrich Ernst, Folgen analytischen Erzählens im *Parzival* Wolframs von Eschenbach. Marginalien zu einem narrativen System des Hochmittelalters, in: Friedrich Wolfzettel (Hg.): Erzählstrukturen der Artusliteratur, Tübingen 1999, S. 165–1198.

[20] Müller 2004, S. 295.

18

terlichen Theorie ist nur die Fiktion in der Pseudohistorie sehr wohl skalierbar. Wo diese aber etwa die Fabel einbezieht, wie Livius oder Vinzenz von Beauvais die Fabel vom Magen und den Gliedern, da verläßt sie bewußt und ausdrücklich die eigene Erzählgattung der *historia* und wechselt in das ganz andere Reregister der *fabula*.

Isidor kennt neben jener bedeutungstragenden *fabula* freilich noch eine *fabula*, die nur zur Ergötzung (*delectandi causa*) geschaffen wurde. Sie widersprach jedoch dem obersten Grundsatz, echte Dichtung habe stets zugleich der *delectatio* und *utilitas* zu dienen. Sie war nichts als leeres Gerede, da sie sich ja der letzten, nämlich der indirekten, parabolischen Bindung an die Wirklichkeit und damit überhaupt ihres Seins im Sinne des augustinischen Schöpfungskonzepts begeben hatte. An einer solchen Einschätzung seiner Romane konnte Chrétien nichts gelegen haben. Dennoch passen seine ‚reinen‘ Artusromane (Abb. 2), wenn überhaupt, nur auf diese Definition Isidors. Denn Chrétien erzählt weder Geschichten nach oder aus der realen Geschichte (*historia*) noch naturwidrige, irreale Bilder von der realen Natur oder dem realen Menschenleben (*fabula*).[21] Er richtet sich auch nicht nach den Maßstäben der Wahrscheinlichkeit, im Gegenteil. Da er keine theoretische Legitimation in Anspruch nehmen kann, geht er in seinen Prologen über eine solche einfach wortlos hinweg. Die sichere Gegenposition bezieht Jean Bodel, ein Spielmann, welcher für sein Heldenepos um 1200 Propaganda machen will. Für ihn sind die französischen Geschichten mit britisch-bretonischem Stoff à la Chrétien nichts als *vain et plaisant* („nichtig und un-

---

[21] Die Versuche, den mittelalterlichen *integumentum*-Begriff auf Chrétiens Romane anzuwenden, müssen als gescheitert gelten. Vgl. Haug [2]1992, S. 222–234; Knapp (I) 1997, S. 65–74.

Abbildung 2: Iwein erschlägt den Herrn des Wunderbrunnens. Maltererteppich (um 1320/30) aus dem Freiburger Dominikanerinnenkloster St. Katharina, Bild 8. Augustinermuseum, Freiburg im Breisgau.

terhaltend").[22] Damit ist zugleich bewiesen, daß die lateinische Poetik durchaus auch für die volkssprachliche Erzählliteratur relevant gewesen ist. Wenn Chrétien die Fiktionalität entdeckt oder geboren[23] haben sollte, befand er sich jedenfalls in einer äußerst prekären Situation.

Vom Spätmittelalter zur Aufklärung – der Dichter als *alter deus*

Eine neue Situation ergab sich erst durch eine Weltanschauung, die das Wirkliche weder einfach als gegeben noch als identisch mit dem Möglichen auffaßte. Zuvor stellte man sich ja nicht ernstlich die Frage, „wie sich endliche Welt und unendliche Potenz der Gottesmacht, Seinswirklichkeit und Seinsmöglichkeit zueinander verhalten mochten." Und als im spätmittelalterlichen Voluntarismus die völlig freie Wahl des allmächtigen, gänzlich willkürlich und unbegreiflich agierenden Gottes theologisch ganz in den Vordergrund rückte, hielt man es für absolut ausreichend, wenn, wie es Blumenberg ausdrückt, der Frage, „weshalb *diese* und keine *andere* Welt ins Sein gerufen wurde," „das nackte augustinische *Quia voluit* als Un-Antwort entgegengeschleudert werden konnte."[24] Was hier noch im Akt des Glaubens bewältigt werden konnte, mußte nach dessen Erschütterung mit ganzer Macht aufbrechen. Descartes (1596-1650) nimmt in seinem Denken den Ausgang nicht vom Glau-

---

[22] Vgl. Knapp (I) 1997, S 12 f.
[23] Das sind natürlich beides fragliche Metaphern. ‚Entdecken' könnte insofern zutreffen, als die Fiktionalität in subliterarischen Erzählungen schon zuvor vorhanden war (s. u.); eine ‚Geburt' bezöge sich dann nur auf die Literatur im engeren Sinn.
[24] Blumenberg 1957, S. 276 bzw. 279.

ben, sondern vom Zweifel und kehrt die ganze erkenntnistheoretische Perspektive subjektivistisch um. Gewiß ist danach nur das Selbstbewußtsein. Die Kraft des menschlichen Ingeniums (*vis ingenii*) kann sich somit auch etwas ausdenken, das ganz unabhängig vom wirklich Gegebenen ist. „Der Mensch ‚wählt' sich seine Welt, wie Gott aus dem Möglichen die eine zu schaffende Welt wählte."[25] Vollends seit Leibniz (1646–1716) sind die möglichen Welten ein Grundproblem allen ontologischen Denkens geworden, obgleich Leibniz selbst es in seinen ‚Essais de théodicée' noch durch den durchaus scholastischen Gedanken von Gott als dem Inbegriff des Guten aufzufangen sucht, der aus den unendlichen Möglichkeiten selbstverständlich die beste aller möglichen Welten gewählt habe – eine Wahl, „welche die Weisheit trifft, um vollständig dem Wesen des Guten zu genügen."[26] Nicht nur Voltaire vermochte diesen Gedanken angesichts irdischer Erfahrung nicht nachzuvollziehen und machte sich über die „beste aller möglichen Welten" lustig.

Das Prinzip der möglichen Welten, aus denen die Auswahl der realen Welt nunmehr als Zufall erscheinen kann, läßt nun aber auch dem Dichter die freie Wahl aus dem Unendlichen des Möglichen. Jetzt erst bekommt die schon in der Renaissance formulierte Vorstellung vom Dichter als *alter deus* ein ontologisches Fundament, wie Blumenberg feststellt.[27] Allerdings ist der „zweite Gott" bei Scaliger (1561) nicht so radikal gemeint, wie Blumenberg und andere es interpretiert haben – ich habe dies an anderer Stelle zu zeigen versucht.[28] Und auch

---

[25] Blumenberg 1957, S. 281.
[26] Leibniz 1900, S. 236: *(le choix) que la sagesse fait pour satisfaire pleinement à la bonté.*
[27] Blumenberg 1957, S. 281.
[28] Knapp 2006, S. 17–42.

die von Oskar Walzel 1932 aufgespürte und von Blumenberg als solche akzeptierte erste theoretische Formulierung des neuen aufklärerischen poetologischen Standpunktes durch die Schweizer Bodmer und Breitinger leidet an beträchtlicher begrifflicher Unschärfe. Denn sie rechnen zwar durchaus neben dem gegenwärtigen Weltgebäude, welches wie bei Leibniz zweifelsfrei „das beste unter allen" (S. 56) sei, noch mit unzähligen möglichen Welten, „in welchen ein anderer Zusammenhang und Verknüpfung der Dinge, andere Gesetz der Natur und Bewegung [...] Platz haben." Doch die Wahrheit dieser möglichen Welten ist für die Schweizer auch nur „in der allesvermögenden Kraft des Schöpfers der Natur begründet" (S. 56). Und da der Dichter

> die Natur nicht allein in dem Würklichen, sondern auch in dem Möglichen nachzuahmen fähig ist, so erstreckt sich das Vermögen seiner Kunst eben so weit, als die Kräfte der Natur selbst.[29]

Ob die Schweizer überhaupt begrifflich die möglichen Welten von „der Welt der möglichen Dinge" klar unterscheiden, scheint nicht ganz sicher.[30]

Den radikalen Umschwung wird man also doch wohl bei weniger christlich-frommen Geistern des 18. Jh. suchen müssen, am ehesten bei den französischen Aufklärern. Und in der Tat ist es Jacques Diderot, welcher, wie Karlheinz Stierle 2001 feststellt, zwar die „Reflexionen über die Möglichkeiten narrativer Imagination [...] nicht zu einer Theorie der Fiktion verdichtet," in seinem posthum 1796 erschienenen Roman

---

[29] Breitinger 1740, S. 56 f..
[30] Breitinger 1740, S. 57. Vgl. auch Johann Jacob Bodmer, Critische Abhandlung von dem Wunderbaren in der Poesie. Faksimile der Ausgabe von 1740, Stuttgart 1966, S. 32.

‚Jacques le fataliste' jedoch „den fiktionalen Kontrakt zwischen Romanautor und Romanleser in Frage stellt" – scheinbar, wie ich ausdrücklich hinzufügen möchte – „und im Spiel mit dem Leser das Arbiträre der romanesken Setzungen des Romans selbst zum Thema macht. So wird die Fiktionalität der Fiktion in allen Momenten dem Leser immer wieder zu Bewußtsein gebracht."[31] Die metapoetische Theorie dazu liefert der Erzähler nur ex negativo mit der ironischen Behauptung, nichts als ein getreuer Geschichtsschreiber (*un historien*) sein und sich keiner Lüge schuldig machen zu wollen,[32] vor der ja die christliche Poetik stets gewarnt hat. Ironisiert kann die Behauptung nur werden, weil sie in früheren Zeiten einmal ernstgemeint war. Aber auch bereits ironisiert kann sie sich noch eine Weile halten. William M. Thackeray schreibt etwa in ‚Vanity Fair' von 1847/48 anläßlich der Schilderung der Rheinreise seiner Protagonisten:

> It was on this very tour that I, the present writer of a history of which every word is true, had the pleasure to see them first, and to make their acquaintance.[33]

Wenn Diderot mit dem Fiktionskontrakt spielt, muß er schon bestanden haben. Auf das französische Kunstmärchen bezieht er sich dabei jedenfalls nicht. Ob dieses dabei überhaupt eine Rolle gespielt hat, wäre erst festzustellen. Ich zweifle eher daran, obwohl es Argumente dafür gibt und es eine schöne Parallele zum Mittelalter (s. u.) wäre. Das Recht, den Fiktionskontrakt als bestehend vorauszusetzen, hatte man jedoch jedenfalls, wie ich meine, spätestens seit dem ‚Tristram Shandy' von Laurence Ster-

---

[31] Stierle 2001, S. 417 f.
[32] Vgl. Knapp (II), S. 36 (mit Stellennachweis).
[33] Thackeray 1908/1965, S. 629.

ne (1759–67), als dessen schwache Imitation ja der erste Rezensent ungerechterweise ‚Jacques le fataliste' verunglimpfte.[34] Obwohl der ‚Tristram Shandy', soweit ich sehe, keine metapoetischen, den Fiktionalitätsstandpunkt offen deklarierenden Partien enthält, scheint diese Lebensgeschichte, die über Zeugung, Geburt und Taufe kaum hinauskommt, dafür aber tausend Abschweifungen in tausend Richtungen bietet und das bißchen Handlung auch noch heillos verwirrt, über jeden Verdacht erhaben, sie wolle aristotelischen Wahrscheinlichkeitsansprüchen genügen. Auch wenn kein förmlicher Fiktionskontrakt mit dem Publikum geschlossen wird, kann dieses sich nicht anders fühlen denn als stummer, aber immer wieder direkt angesprochener Partner eines literarischen Spieles, dessen narrative wie diskursive Spielregeln der Autor allein bestimmt, ohne im geringsten von einem nur irgendwie objektiv gegebenen Erzählgegenstand abhängig zu sein. Vielmehr wird dieser vom Autor in jedem Augenblick willkürlich und unabsehbar neu bestimmt, und der komische Effekt besteht nicht zuletzt in der ständigen Nichterfüllung von Lesererwartungen.

Der Geist des Märchens und die Geburt des fiktionalen Romans im 12. Jahrhundert

Es handelt sich hier um zwei extreme Romanbeispiele, in welchen die epische Substanz bewußt ausgedünnt wird, um die Fiktionalität gleichsam ins Schaufenster zu stellen. Sie sind

---

[34] Vgl. das Vorwort zur Ausgabe des ‚Jacques le falatiste' von J. Assézat, Paris o. J. (1885), S. 5. Auch Assézat bedauert die lockere, unepische Form, die Sterne zu verdanken sei, dessen ‚Tristram Shandy' Assézat als unerträglich langweilig einschätzt (S. 4).

25

das Ergebnis der weltanschaulichen Wende der europäischen Aufklärung seit der Mitte des 17. Jh. Wie wahrscheinlich ist es da überhaupt, daß es Jahrhunderte davor schon freie poetische Fiktionalität in der anfangs beschriebenen Dimension gegeben hat? Hochgespannte Erwartungen stehen da der Mittelalter- und Renaissanceforschung kaum an. Einen Fiktionskontrakt zwischen Autor und Publikum wird sie schwerlich nachweisen können. Fiktionalität konnte damals, wenn überhaupt, nur eine Chance haben, wenn sie die weltanschaulichen, insbesondere die theologisch-poetologischen Vorgaben ihrer Zeit zwar nicht offen in Frage stellte, aber stillschweigend unterlief.

Dies konnte von vornherein kaum in jenen literarischen Gattungen geschehen, welche zu deutlich auf antikem Erbe beruhten. Als originale Erfindung des Mittelalters gilt auf dem Gebiet der Epik dagegen in allererster Linie der Artusroman (Abb. 3). Da aber auch für die Literaturwissenschaft der aristotelische Grundsatz gilt, daß aus nichts nichts kommt, muß es auch hier irgendwelche Wurzeln gegeben haben. Man hat mit Recht die lateinische Geschichtsschreibung und Geschichtsdichtung, die französischen Antikenromane, den französische Tristanroman und schließlich die französischen Lais, kurzepische Stücke mit wunderbarem, zumeist britisch-bretonischem Stoff, geltend gemacht. Davon tragen nur die beiden zuletzt genannten Gattungen kein antikes Erbe weiter, sondern stammen aus volkstümlichem, subliterarischem Erzählen. Dieses konnte für den Bereich weltlicher Dichtung am ehesten gänzlich neue Stoffe, Motive und Formen liefern. Doch auch ihrer suchte sich die Kirche zu bemächtigen und sie für ihre Weltanschauung zu verwenden. Der ,Tristan' ist Pseudohistorie mit moraltheologischen Implikationen. Thomas von England, der Verfasser der höfischen Version, pocht auf das Prinzip der

26

Abbildung 3: Guenievre, Gattin des Königs Artus, beobachtet Lancelots Zweikampf.
Illustration im ‚Prosa-Lancelot‘, Bonn UB Hs. S. 526.

Wahrscheinlichkeit.[35] Die episodische Struktur zeigt noch die Herkunft aus dem mündlichen Erzählen an. Diesem stehen die Lais noch etwas näher, in denen auch das Wunderbare eine größere Rolle spielt. Aber auch dieses wird christlich ,gezähmt'. Ich gebe nur ein Beispiel. Im ,Yonec', einem Lai von Marie de France[36] aus den 60er Jahren (?) des 12. Jahrhunderts wird erzählt, wie eine von ihrem betagten Ehemann in einen Turm gesperrte Frau sich nach einem Geliebten sehnt. Da fliegt ein Habicht in ihr Gemach und entpuppt sich als ein schöner, junger Ritter. Er flößt der Dame jedoch einen heillosen numinosen Schrecken ein (V. 116–118). Erst als sich der Ritter als gläubiger Christ bekennt und zum Beweis darauf das heilige Abendmahl nimmt, wird er von der Dame erhört. Das ist nur verständlich, wenn der Verdacht bestanden hat, es könnte sich um einen teuflischen Dämon handeln, wie er in der Sage immer wieder begegnet. Als eine solche erweist sich denn auch als Ganze diese Geschichte von Liebe, Rache, Tod und neuerlicher Rache. Bei genauerer Prüfung lassen sich alle Lais, überwiegend Feengeschichten, hier einordnen. Es handelt sich keinesfalls um Märchen, wie die Forschung vielfach gemeint hat. Das läßt sich schon daran ablesen, daß die Kirche die Lais offenbar ohne weiteres duldet, während sie alle Märchen entweder radikal zu christlichen Exempeln umgestaltet oder unterdrückt.

Friedrich Wolfzettel hat 2003 erstmals überzeugend begründet, warum uns die in vielerlei Hinsicht so ,märchenhaft' anmutende Erzählwelt des Mittelalters erst in ihrem Ausklang die ersten halbwegs gültigen Beispiele der autonomen Form des Märchens hinterlassen hat. Die „kontestatorische ,Moral

---

[35] Vgl. Knapp 2005, S. 248 f. – Das Thomas den christlichen Standpunkt in seiner Liebesauffassung zu verlassen droht, steht auf einem anderen Blatt.

[36] Ausg. Rychner 1973, S. 102–119.

der Geschichte'"[37] im Märchen stehe der christlichen Weltanschauung ebenso entgegen wie das „Fehlen des numinosen Empfindens im Märchen".[38] Wolfzettel formuliert schließlich:

> Die Gattung Märchen bildet somit eine Art Skandalon, dessen autonome, fundamental areligiöse Struktur nur christlich vermittelt, entschärft und uminterpretiert akzeptiert werden konnte.[39]

Dafür seien, so Wolfzettels Meinung, fast alle literarischen Gattungen des Mittelalters mit märchenhaft folkloristischen Elementen durchdrungen. Ein Problem ist freilich, daß sich solche gar nicht eindeutig ausmachen lassen. Riesen, Zwerge, Feen, Zauberer, Wunderdinge usw. kommen keineswegs nur im Märchen vor. Dieses läßt sich nur als ‚Ganzes‘ als eine „Geistesbeschäftigung", fassen, wie sie André Jolles in seinem Buch ‚Einfache Formen‘ von 1930 aus seiner gestaltphilosophischen Perspektive bezeichnet hat. Gemeint ist eine umfassende Denkform, welche Motive und Strukturen verschiedenster Herkunft integriert, sich aber deutlich von anderen ‚Einfache Formen‘ wie Legende oder Sage abhebt. Leider trägt dem keine Märchensammlung der Neuzeit wirklich Rechnung.[40]

Das wichtigste Bestimmungsstück der Einfachen Form Märchen ist seine Haltung zur Wirklichkeit. Schon die Brüder Grimm hatten festgestellt: „Das Märchen ist poetischer, die Sage historischer"[41], deuten aber mit dem Komparativ keine radikale Dichotomie an. Erst Jolles hat den völligen Gegensatz zur Wirklichkeit erkannt. Für ihn ist Märchen reine Wunsch-

---

[37] Wolfzettel 2003, S. 576.
[38] Wolfzettel 2003, S. 577 (Zitat aus Lüthi [9]1992, S. 36).
[39] Wolfzettel 2003, S. 578.
[40] Vgl. Rölleke 2000, S. 514.
[41] Brüder Grimm 1980, S. 260.

dichtung: „Die Erwartung, wie es eigentlich in der Welt zugehen müßte, [...] ist die Geistesbeschäftigung des Märchens."[42] Im Anschluß daran spricht Hans Robert Jauß[43] von der Welt des Märchens als einer „Welt traumhafter Wunscherfüllung" und von einem „Geschehen unter dem Prinzip des Wunderbaren". Leider ist dies in der Forschung vielfach mißverstanden und als Freibrief dafür verwendet worden, alle einzeln auftauchenden utopischen Elemente in einer Erzählung (wie z. B. bei Marie de France) als märchenhaft zu verbuchen.

Auch das Wunderbare hat im Märchen eine unverwechselbare und auf keine andere Gattung übertragbare Prägung. Das märchenhaft Wunderbare ist im Gegensatz zum Wunderbaren realer exotischer Welten sowie zum Wunderbaren der Sage und der Legende unerklärbar und auch unerklärt, weil keiner Erklärung bedürftig. Es setzt daher den Helden auch nicht mehr in Erstaunen als die übrigen ihm begegnenden Phänomene auch. „Das Wunder ist", sagt Max Lüthi 1947, „die Spitze des isolierenden und sublimierenden Märchenstils. Jedes Motiv, das ins Märchen eintritt, wird damit virtuell zum Wundermotiv."[44]

Wer dafür ein Gespür hat, wird das Wunderbare in den Artusromanen Chrétiens de Troyes, ‚Erec et Enide', ‚Le Chevalier au Lion', Le Chevalier de la Charrette', ‚Le Conte du Graal',[45] nur so begreifen können und nie in Versuchung

---

[42] Jolles 1968, S. 240.
[43] Jauß 1977, Annex (Beiblatt): Übersicht über die kleinen literarischen Gattungen der exemplarischen Rede im Mittelalter. – Die beste Beschreibung der reinen Gattung des Märchens liefert Lüthi [9]1992.
[44] Lüthi [9]1992, S. 70.
[45] Beim ‚Graalroman' sind freilich schon Einschränkungen zu machen. Vgl. Knapp 2007. Auf den ‚halben' Artusroman ‚Cligès' treffen die meisten Bestimmungsstücke des Märchenhaften gar nicht zu. Zur realen Geographie im ‚Cligès' vgl. Knapp 2010, S. 23. Als ‚reine' Artusromane haben also nur ‚Erec et Enide', ‚Chevalier au Lion' und ‚Chevalier de la Charrette' zu gelten.

kommen, es mit göttlichen oder dämonischen Wundern zu verwechseln. Es ist in seiner spielerischen Rätselhaftigkeit das deutlichste Signal für Chrétiens Anschluß an das Märchen. Aber es gibt noch wesentlich mehr Signale. Ich nenne nur die absurde Geographie der Artuswelt, welche Chrétien seinem Löwenritterroman verpaßt. Da reitet Yvain von Carduel in Wales in den Wald von Broceliande in der Kleinen Bretagne, ohne daß der Ärmelkanal dazwischen auch nur erwähnt würde.[46] Die zahlreichen Artusresidenzen wirken wie Kulissen, die nur aufgestellt werden, wenn es unbedingt nötig ist, und weggezogen werden, wenn sie entbehrlich sind.[47] Richtungsangaben für den Aventürerritter beschränken sich auf rechts und links, ohne daß ein Ausgangspunkt bezeichnet würde, so daß der Angabe jeder geographische Wert fehlt. Ich halte Erich Auerbachs Bestimmung der Welt des ‚Löwenritters‘ trotz aller Einwände, die gegen diese bereits 1946 erstmals veröffentlichte Ansicht vorgebracht wurden, nach wie vor für grundsätzlich unwiderlegt: „das alles ist Märchenluft.“[48] All der Realismus in der Darstellung menschlicher Verhaltensweisen und gesellschaftlicher Verhältnisse, all die rhetorische Finesse und epische Breite der Darstellung, die natürlich alle den Rahmen einer Einfachen Form sprengen, ändern daran nichts.

Wenn die Einwände moderner Forscher trotzdem nicht verstummen, liegt dies schon daran, daß so etwas wie „Märchenluft“ sich mit logisch nachvollziehbaren Argumenten nur sehr teilweise erfassen läßt. Denn echte Märchen sind auf diese Weise ja nicht entstanden. Überdies scheint auch die Rezeptionsgeschichte in eine ganz andere Richtung zu weisen. Nur

---

[46] Auerbach 1964, S. 125
[47] Knapp 2010, S. 40.
[48] Auerbach ³1964, S. 126.

wenige der in- und ausländischen Nachfolger, Nachahmer und ‚Schüler‘ Chrétiens haben offenbar die von mir unterstellte Entfernung von der Wirklichkeit klar erfaßt. Die meisten verwässern sie oder verkehren sie hin zur gängigen Pseudohistorie. Auch einige Redaktoren von Handschriften scheuen sich nicht, die chrétienschen Romane in einen Überlieferungsverbund mit Verschroniken und Antikenromanen zu stellen, so als wäre hier Artus immer noch der historische König der Briten und nicht zum Märchenkönig geworden. Erklären läßt sich dies aber doch wohl hinreichend aus den theologisch-poetologischen Rahmenbedingungen, welche das Märchen ausschlossen und die Pseudohistorie privilegierten.

Die herrschende Weltanschauung ließ eine andere Sicht der Dinge auch kaum zu, so daß jeder Vorwurf der ‚Rückständigkeit‘ an die Zeitgenossen wohl ungerecht wäre. Zudem war Chrétiens literarische Kunstfertigkeit einerseits zwar eine notwendige, aber keine ausreichende Bedingung für die Schaffung seiner fiktionalen Romane und andererseits keineswegs nur ihm eigen. Chrétiens Kunstsprache, Rhetorik und literarische Technik sind zu einem guten Teil von dem vorausliegenden Antikenroman und Tristanroman vorgeprägt, die durchaus als Pseudohistorie im genannten Sinne gelten können. Hochartifizielle Literarizität steht bei Chrétien dann eben im Dienste der Fiktionalität, fällt mit dieser aber keinesfalls zusammen, sondern tritt ohne diese bei vielen Autoren Zeit, nicht zuletzt bei den lateinischen hervor.

Fiktionalität in Renaissance und Barock?

Wenn also trotz dieser widrigen Bedingungen im 12. Jh. der ‚echte‘ fiktionale Roman aus dem Geist des Märchens geboren

wurde, so hat er jedenfalls höchstens in verstreuten Einzelbei-
spielen überlebt, aber nicht in einer anhaltenden breiten Tradition. Im allgemeinen nimmt dann nach Chrétien das Wunderbare als weiße und schwarze Magie sagen- bzw. legendenhafte
Züge an, die dann den mittelalterlichen Prosaroman (s. o.
Abb. 3) beherrschen und auch in die Heldenepik, insbesondere
die französische, eindringen. Aber hier nimmt sich das Wunderbare, vor allem in seiner schieren Menge, doch eher seltsam und
mehr oder minder fremd aus. Ja, manche Chanson de geste,
wie die ‚Bataille Loquifer‘ aus dem frühen 13. Jh., weisen die
Gattungsmischung sogar eindeutig also solche aus.[49]

Trägt diese Mischung schon ironische Züge, so prägen diese dann die neue Gattung, welche in Norditalien aus dieser
Form der französischen Heldenepik hervorgegangen ist, den
Romanzo. Ihren Höhepunkt erreicht dieser im ‚Orlando furioso‘ von Ludovico Ariosto (1516). Virtuos wie keiner veran-
staltet er, wie es Karlheinz Stierle ausdrückt, die „ironische
Brechung durch einen frei schaltenden und kommentierenden
Erzähler, durch die Erfindung komischer Situationen, die Schaffung immer neuer Desillusionen des Lesers und vor allem die
thematische Dominanz der Liebe in allen ihren Schattierun-
gen.“[50] Während die wuchernde Phantastik der die Grenzen der
Wahrscheinlichkeit sichtbar überschreitenden Handlung diese
von der Wirklichkeit klar abhebt und insofern an Chrétiens
Märchenwelt erinnert, weist die herausgestellte Freiheit des Er-
zählers auf Sterne voraus. Kein Leser konnte jedenfalls am
spielerischen, illusionären, rein fiktionalen Charakter dieser
Welt den geringsten Zweifel hegen (Abb. 4).

---

[49] Vgl. Knapp 2005, S. 158–168.
[50] Stierle 2001, S. 400 f.

Strophe 53

Abbildung 4: Astolfo reitet auf dem Flügelroß ins irdische Paradies. Illustration zur deutschen Ausgabe des ‚Orlando furioso‘, Breslau 1880/81, von Gustave Doré.

34

Eine festgefügte christlich-scholastische Weltanschauung stellte sich dieser Fiktionalität nun nicht mehr in den Weg, dafür jedoch die im 16. Jh. in Italien neu entdeckte und begeistert aufgenommene ‚Poetik' des Aristoteles. Es bricht hier ein regelrechter Streit um Ariost zwischen Befürwortern und Gegnern aus, welche allerdings beide den ‚Orlando furioso' an den Regeln der ‚Poetik' messen. Stierle erkennt „die durchgehende Tendenz, die entfesselte Fiktion Ariosts gleichsam aristotelisch unter Kontrolle zu bringen." Daß dies nicht möglich ist, sieht Torquato Tasso bei aller Bewunderung für den älteren Dichterkollegen klar, und richtet sein ‚Befreites Jerusalem' doch wiederum nach dem Wahrscheinlichkeitsprinzip aus, das er freilich um das christliche Wunderbare erweitert,[51] wie es ähnlich Bodmer und Breitinger tun werden.

Wesentlich diffiziler reagiert der spanische ‚Don Quijote' (1605/1615) auf den ‚Orlando furioso' (Abb. 5). Auch Cervantes verbindet die Anerkennung der beiden aristotelischen Prinzipien der Wahrscheinlichkeit und der Werkeinheit mit Bewunderung für Ariost. Doch bändigt er die „entfesselte Fiktion" nicht bloß durch ironische Brechung, sondern durch ihre Verlagerung in den Kopf des Protagonisten, der sich einbildet und einredet, er lebe in der wunderbaren Welt der Ritterromane, die sich freilich von Ariosts Romanzo durch banale und stereotype Trivialität unterscheiden. Der erzählte angeblich reale, ganz unromantische Lebensweg Don Quijotes, der phantasierend seine Mißgeschicke der Übermacht übernatürlicher Kräfte zuschreibt, wird zwar als quasi historiographischer Bericht ausgegeben, aber mehreren ganz unglaubhaften Autorinstanzen zugeschrieben. Das wirkt alles ziemlich undurchschaubar und soll es wohl auch. Um noch einmal Stierle zu zitieren: „Die

---

[51] Vgl. Knapp 2006, S. 39–42.

Abbildung 5: Don Quijote und die Windmühlen. Illustration zur deutschen Ausgabe des ‚Don Quijote‘ 1848 von Grandville.

Fiktion wird zur Multifiktion und überbietet damit Ariosts romanzo, indem sie auch noch die Anti-Fiktion zum Moment der
Fiktion macht."[52]

Wie auch immer die modernen Spezialisten zu diesem Ur-
teil stehen mögen – Laurence Sterne scheint die Sache ähnlich
gesehen und deshalb Cervantes neben Rabelais zum Hauptvor-
bild seines Erzählens gewählt zu haben. Gleichwohl fällt dieses
doch wiederum ganz anders aus. Denn hier tritt an die Stelle
der Antifiktion gleichsam die Antinarration, in der das Erzählen sich selbst aufhebt (Abb. 6). Die hier gezeichnete Tradi-
tionslinie seit dem Mittelalter existiert so bestenfalls unterir-
disch; am unkenntlichsten ist sie zwischen Chrétien und Ariost.
Will man also die hier behauptete Geburt des fiktionalen Romans akzeptieren, so wird man besser davon ausgehen, daß sie
im 12. Jh. stattgefunden, jedoch im Mittelalter kein dauerhaftes
Leben hervorgebracht hat, sondern sich wiederholen mußte, bis
ein solches Leben seit dem 18. Jh. endlich unter völlig verän-
derten weltanschaulichen Rahmenbedingungen garantiert war.
Jedenfalls ist eine Begründung der hier vorgelegten These der
ersten Geburt durch die folgende Tradition unzulässig.

Eine Lücke in der ,Theorie des Romans'
von Georg Lukács?

Meine These läuft ja darauf hinaus, daß die Denkform des subliterarischen Märchens – die man sich grundsätzlich als histo-
risch gleichursprünglich mit anderen Einfachen Formen wie
Sage und Legende zu denken hat – sich einen eskapistischen
Freiraum innerhalb des christlichen Glaubens erobert, Chrétien

---

[52] Stierle 2001, S. 406.

Abbildung 6: Tristram Shandy, Bd. IV. Slawkenbergius's Tale; Gemälde von Joshua
Reynolds, Learned Milordi (1751), in der National Gallery of Ireland; Detail

sie dann aus der schriftlosen Kultur übernimmt und, die Vorgaben der gelehrten Poetik bewußt ignorierend, für seinen fiktionalen Artusroman kunstvoll adaptiert. Dieser historische Vorgriff ändert jedoch mangels Nachhaltigkeit natürlich nichts an der großen Entwicklungslinie der abendländischen Weltanschauung. Nur diese hatte Georg Lukács in seiner berühmten ‚Theorie des Romans‘ im Auge, welche er 1914/15 noch ganz im Banne Hegels schrieb.

Der zentrale Satz lautet hier:

> Der Roman ist die Epopöe eines Zeitalters, für das die extensive Totalität nicht mehr sinnfällig gegeben ist, für das die Lebensimmanenz des Sinnes zum Problem geworden ist, und das dennoch die Gesinnung zur Totalität hat.[53]

Das Mittelalter und die frühe Neuzeit gelten Lukács als die große Übergangszeit. Denn die „große Paradoxie des christlichen Kosmos" bestehe im Gegenüber „der normativen Unvollendung der diesseitigen Welt" und der „ewig gegenwärtige[n] Theodizee im jenseitigen Leben". Dante habe noch „diese Zweiwelten-Totalität" im Epos bewältigt, doch

> die anderen Epiker, die im Diesseits blieben, mußten das Transzendente in künstlerisch unberührter Transzendenz verharren lassen, konnten also bloß sentimentalisch gefaßte, bloß gesuchte und die seiende Sinnesimmanenz entbehrende Lebenstotalitäten – Romane und nicht Epopöen – schaffen.

Nach Lukács sind die Romane des Mittelalters „eigentlich große Märchen", weil in ihnen die Transzendenz nicht aufgefangen wird, sondern nur wie ein Schatten in sie hinein-

---

[53] Lukács ³1965, S. 53.

fällt und ihnen gleichsam auch schattenhafte Substanz verleiht (S. 101 f.). Der Keim des Verfalls liegt so schon in ihnen.

> Die Ritteromane, gegen die der „Don Quixote" als Polemik und Parodie entstanden ist, haben diese transzendente Beziehung verloren, und nach dem Verlust dieser Gesinnung – sofern aus der ganzen Welt, wie bei Ariosto, nicht ein ironisch schönes, reines Spiel geworden ist – mußte aus der geheimnisvollen und märchenhaften Oberfläche etwas banal Oberflächliches werden (S. 102 f.). [...] So steht dieser erste große Roman der Weltliteratur [der ,Don Quijote'] am Anfang der Zeit, wo der Gott des Christentums die Welt zu verlassen beginnt; wo der Mensch einsam wird und nur in seiner nirgends beheimateten Seele den Sinn der Substanz zu finden vermag [...] (S. 103).

Lukács läßt hier also den Roman an der Schwelle der Säkularisation sozusagen zu sich selbst kommen, freilich mit einiger geschichtsphilosophischer Mühe. Er sieht sehr wohl, daß Cervantes tief gläubig gewesen ist. Doch als Zeitgenosse der „Periode [...] des fanatischen Versuchs einer Erneuerung der versinkenden Religion aus sich selbst [...]" (S. 104), habe er intuitiv und gleichsam wider Willen diese Zeitenwende der Säkularisation poetisch zu dem Bilde geformt, „daß das reinste Heldentum zur Groteske, der festeste Glauben zum Wahnsinn werden muß, wenn die Wege zu seiner transzendentalen Heimat ungangbar geworden sind" (S. 104). Dabei verschweigt Lukács freilich, daß bei Cervantes nur Don Quijotes Glaube an das vergangene ritterliche Heldentum zum Wahnsinn wird, nicht sein Glaube an Gott. Doch vermutlich bedingt in seinen Augen ohnehin das eine das andere, wenn im zwanghaften historischen Ablauf notwendigerweise „ewige Inhalte und ewige Haltungen ihren Sinn verlieren, wenn ihre Zeit vorbei ist" (S. 104).

Diese trotz allem grundsätzlich richtige Nachzeichnung der großen Linie der Geistesgeschichte wird den kleineren Vor-

und Rückwärtsbewegungen wie der Renaissance und der Gegenreformation nicht gerecht. Ariosts „ironisch schönes, reines Spiel" bleibt unerklärt, erst recht aber das völlig unzeitgemäße Vorspiel zur Renaissance in den Artusromanen Chrétiens de Troyes. Lukács scheint etwas von ihrer Märchenhaftigkeit geahnt zu haben, definiert sie aber kaum zutreffend und dehnt sie offenbar auf alle Romane des Hochmittelalters aus. Bei Chrétien stellt sie jedenfalls gerade keinen Schatten der göttlichen Transzendenz, sondern nur ein „unfaßliches" immanentes Analogon zur göttlichen Gnade dar.

Diese ist für den frommen Christen das entscheidende tröstliche Moment der menschlichen Realität, der der fiktionale Roman des Mittelalters ja gerade zu entfliehen trachtet. Lukács kann dies aber nicht sehen, da er ausgerechnet das Phänomen der Fiktionalität überhaupt nicht beachtet. Um diese ist es mir aber hier allein gegangen. Sie ist in der hohen Literatur wahrscheinlich doch eine Entdeckung des hohen Mittelalters, wie Walter Haug nachzuweisen versucht hat, aber damals kein bleibendes Geschenk an das Abendland gewesen, sondern mußte unter ganz anderen Vorzeichen wieder und wieder entdeckt werden, bis sie in der Zeit der von Lukács so genannten „transzendentalen Obdachlosigkeit" (S. 35) allmählich ihre provokative Kraft verliert und schließlich sogar zur Beliebigkeit verkommen kann.

Literaturverzeichnis:

Texte:

Platon, Timaios = Platonis Timaeus = Platonis Opera IV, hg. v. Ioannes Burnet, Oxford 1905; übers. v. Friedrich Schleiermacher, Sämtlich Werke V, Reinbek 1995, S. 141–213.

Aristoteles, Poetik, hg. u. übers. v. Manfred Fuhrmann, Stuttgart 1982.

Isidorus Hispalensis, Etymologiae, hg. v. W. M. Lindsay, Oxford 1911.

Aurelius Augustinus, Contra mendacium & De mendacio, hg. v. J. Zycha (CSEL 41), Wien etc. 1900.

Aurelius Augustinus, De vera religione, hg. v. W. M. Green, übers. v. Wilhelm Thimme, Stuttgart 1983.

Les Arts poétiques du XIIe et du XIIIe siècle, hg. v. Edmond Faral, Paris 1924.

Marie de France, Les Lais, hg. v. Jean Rychner, Paris 1973.

Chrétien (Chrestien) de Troyes, Erec et Enide, hg. v. W. Foerster, übers. v. I. Kasten (KTRMA 17), München 1979.

Chrétien (Chrestien) de Troyes, Lancelot (Le Chevalier de la Charrette/ Der Karrenritter), hg. v. W. Foerster, übers. v. H. Jauß-Meyer (KTRMA 13), München 1974.

Chrétien (Chrestien) de Troyes, Le Roman de Perceval ou Le Conte du Graal – Der Percevalroman oder Die Erzählung vom Graal. Altfranzösisch/Deutsch. Übers. u. hg. v. F. Olef-Krafft, Stuttgart 1991.

Chrétien (Chrestien) de Troyes, Yvain, hg. v. W. Foerster, übers. v. I. Nolting-Hauff, München ^{2}1983.

La Bataille Loquifer, hg. v. M. Barnett (Medium Aevum Monographs N. S. VI), Oxford 1975.

Dante Alighieri, Tutte le opere, hg. v. L. Blasucci, Florenz 1981.

Ludovico Ariosto, Orlando furioso, hg. v. Cesare Segre, Mailand 1976.

Julius Caesar Scaliger, Poetices libri septem. Sieben Bücher über die Dichtkunst, hg. v. Luc Deitz u. Georg Vogt-Spira, Stuttgart-Bad Cannstadt 1994–2003.

Torquato Tasso, Werke und Briefe, übers. v. Emil Staiger 1978.

Gottfried Wilhelm Leibniz, Oeuvres philosophiques, hg. v. Paul Janet, Bd. II, Paris 1900.

Johann Jacob Breitinger, Critische Dichtkunst. Faksimile der Ausgabe von 1740, 2 Bände, Stuttgart 1966.

Johann Jacob Bodmer, Critische Abhandlung von dem Wunderbaren in der Poesie. Faksimile der Ausgabe von 1740, Stuttgart 1966.

Laurence Sterne, The Life and Opinions of Tristram Shandy, Gentleman, York/London 1760–67; hg. v. Melvyn & Joan New, University Press of Florida 1978 (Penguin Classics 1997).

Denis Diderot, Jacques le fataliste, 1796, hg. v. J. Assézat, Paris o. J. (1885); Edition Livre de Poche, Paris 1972.

Jacob u. Wilhelm Grimm, Kinder- und Hausmärchen – Jubiläumsausgabe mit den Originalanmerkungen der Brüder Grimm, Stuttgart 1980.

William M. Thackeray, Vanity Fair, Edition in Everyman's Library, London 1908/1965.

Untersuchungen:

Auerbach [3]1964: Erich Auerbach, Mimesis – Dargestellte Wirklichkeit in der abendländischen Literatur, Bern u. München [3]1964.

Bertau 1973: Karl Bertau, Deutsche Literatur im europäischen Mittelalter, 2 Bände, München 1973.

Blumenberg 1957: Hans Blumenberg, „Nachahmung der Natur". Zur Vorgeschichte der Idee des schöpferischen Menschen, in: Studium Generale 10 (1957), S. 266–283; wiederabgedruckt in: Ders., Wirklichkeiten, in denen wir leben. Aufsätze und eine Rede, Stuttgart 1981, Nachdruck 2012, S. 55–103.

Bruckner 2008: Matilda T. Bruckner, Chrétien de Troyes, in: Simon Gaunt & Sarah Kay (Hgg.), The Cambridge Companion to Medieval French Literature, Cambridge 2008, S. 79–94.

Burrichter 1996: Brigitte Burrichter, Wahrheit und Fiktion – Der Status der Fiktionalität in der Artusliteratur des 12. Jahrhunderts (Beihefte zur Poetica 21), München 1996.

Delcorno Branca 1973: Daniela Delcorno Branca, L'Orlando furioso e il romanzo cavalleresco medievale, Florenz 1973.

Fuhrmann 1992: Manfred Fuhrmann, Dichtungstheorie der Antike, Darmstadt 1992.

Gabriel 1997: Gottfried Gabriel, ‚Fiktion', in: Reallexikon der deutschen Literaturwissenschaft, hg. v. K. Weimar u. a., Bd. I. Berlin / New York 1997, S. 594–598.

Glauch 2009: Sonja Glauch, An der Schwelle der Literatur. Elemente einer Poetik des höfischen Erzählens (Studien zur historischen Poetik 1), Heidelberg 2009.

Goetz 1993: Hans-Werner Goetz, Die Geschichte im Wissenschaftssystem des Mittelalters, in: Franz-Josef Schmale, Funktion und Formen mittelalterlicher Geschichtsschreibung. Eine Einführung, Darmstadt 1985, ²1993.

Green 2002: Dennis H. Green, The Beginnings of Medieval Romance – Fact and Fiction, 1150–1220, Cambridge 2002.

Haug ²1992: Walter Haug: Literaturtheorie im deutschen Mittelalter von den Anfängen bis zum Ende des 13. Jahrhunderts, Darmstadt 1985, ²1992.

Heinzle 1990: Joachim Heinzle, Die Entdeckung der Fiktionalität, in: Beiträge zur Geschichte der deutschen Sprache und Literatur 112 (1990), S. 55–80.

Herweg 2010: Mathias Herweg, Wege zur Verbindlichkeit. Studien zum deutschen Roman um 1300 (Imagines medii aevi 25), Wiesbaden 2010.

Imbach 2000: Ruedi Imbach, Selbsterkenntnis und Dialog. Aspekte des philosophischen Denkens im 12. Jahrhundert, in: Wolfram-Jahrbuch 16 (2000), S. 11–28.

Jauß 1977: Hans Robert Jauß, Alterität und Modernität der mittelalterlichen Literatur – Gesammelte Aufsätze 1956–1976, München 1977.

Jolles 1968: André Jolles, Einfache Formen, Halle 1930, 4. Auflage Darmstadt 1968, 6. unveränderte Auflage, Tübingen 1982.

Knapp I 1997: Fritz Peter Knapp, Historie und Fiktion in der mittelalterlichen Gattungspoetik. Sieben Studien und ein Nachwort, Heidelberg 1997.

Knapp II 2005: Fritz Peter Knapp, Historie und Fiktion in der mittelalterlichen Gattungspoetik (II). Zehn neue Studien und ein Vorwort (Schriften der Philosophisch-historische Klasse der Heidelberger Akademie der Wissenschaften 35), Heidelberg 2005.

Knapp 2006: Fritz Peter Knapp, Der Dichter – eine „Affe der Natur" oder ein „zweiter Gott"? Historie und Fiktion in der Poetik am Übergang zur Neuzeit, in: Anzeiger der philosophisch-historischen Klasse der Österreichischen Akademie der Wissenschaften 141 (2006), 2. Halbband, S. 17–42.

Knapp 2007: Fritz Peter Knapp, Gescheiterte Fiktionalität. Der *Conte du Graal* von Chrétien de Troyes, in: Germanisch-romanische Monatsschrift N. F. 57 (2007), S. 393–408.

Knapp 2009: Fritz Peter Knapp, *fabulae – parabolae – historiae*. Die mittelalterliche Gattungstheorie und die Kleinepik von Jean Bodel bis Boccaccio, in: Mittellateinisches Jahrbuch 44 (2009), S. 97–117.

Knapp 2010: Fritz Peter Knapp, Der Artushof als Raumkulisse bei Wace, Chrétien de Troyes und dessen deutsche Nachfolgern, in: Artushof und Artusliteratur, hg. v. Matthias Däumer u. a., Berlin/New York 2010, S. 21–41.

Knapp 2011a: Fritz Peter Knapp, Grundlagen der europäischen Literatur des Mittelalters. Eine sozial-, kultur-, sprach-, ideen- und formgeschichtliche Einführung, Graz 2011.

Knapp 2011b: Fritz Peter Knapp, Jenseits von Mythos und Geschichte, in: Artusroman und Mythos, hg. v. Friedrich Wolfzettel u. a., Berlin/New York 2011, S. 357–371.

Knapp 2012: Fritz Peter Knapp, Verborgene Märchen des Hochmittelalters, in: Beiträge zur Geschichte der deutschen Sprache und Literatur 134 (2012), S. 1–16.

Lacy (Hg.) 2005: Norris J. Lacy (Hg.), A Companion to Chrétien de Troyes, Woodbridge 2005.

Lukács [3]1965: Georg Lukács, Berlin 1920, [3]1965.

Lüthi [9]1992: Max Lüthi, Das europäische Volksmärchen – Form und Wesen, Tübingen 1947, [9]1992.

Medieval Literary Theory and Criticism c.1100–c.1375 – The Commentary Tradition, hg. v. A. J. Minnis / A. B. Scott, Oxford [2]1991.

Mehtonen 1996: Päivi Mehtonen, Old Concepts and New Poetics –‚Historia‘, ‚Argumentum‘, and ‚Fabula‘ in the Twelfth- and Early Thirteenth-Century Latin Poetics of Fiction (Societas Scientiarum Fennica, Commentationes Humanarum Litterarum 108), Helsinki 1996.

Moos 1976: Peter von Moos, ‚Poeta‘ und ‚historicus‘ im Mittelalter, in: Beiträge zur Geschichte der deutschen Sprache und Literatur 98 (1976), S. 93–130.

Müller 2004: Jan-Dirk Müller, Literarische und andere Spiele. Zum Fiktionalitätsproblem in vormoderner Literatur, in: Poetica 36 (2004), S. 281–311.

Rölleke 2000: Heinz Rölleke, ‚Märchen‘, in: Reallexikon für deutsche Literaturwissenschaft, Bd. II, Berlin/New York 2000, S. 513–517.

Rölleke 2000: Heinz Rölleke, Märchen, in: Reallexikon der deutschen Literaturwissenschaft II (2000), S. 513–517.

Rösler 1980: Wolfgang Rösler, Die Entdeckung der Fiktionalität in der Antike, in: Poetica 12 (1980), S. 283–319.

Stierle 2001: Karlheinz Stierle, ‚Fiktion‘, in: Ästhetische Grundbegriffe, Bd. 2, Stuttgart 2001, S. 380–428.

Unzeitig 2010: Monika Unzeitig, Autorname und Autorbewußtsein. Bezeichnung und Konstruktion in der deutschen und französischen Erzählliteratur des 12. und 13. Jahrhunderts des 12. und 13. Jahrhunderts (MTU 139), Berlin & New York 2010.

Verbaal 2004 : Wim Verbaal, De tekst en zijn lezer: stille lectuur en de vorming van het individu, in: Millennium (Nijmegen) 18 (2004) S. 1–14.

Wehrli, Fritz: Die Geschichtsschreibung im Lichte der antiken Theorie (1947), in: F. Wehrli, Theoria und Humanitas. Gesammelte Schriften zur antiken Gedankenwelt, Zürich/Munich 1972.

White 1986: Hayden White, Auch Klio dichtet oder Die Fiktion des Faktischen – Studien zur Tropologie des historischen Diskurses, dt. v. B. Brinkmann-Siepmann und Th. Siepmann (Sprache und Geschichte 10), Stuttgart 1986.

Wolfzettel 2002: Friedrich Wolfzettel, Der lange Weg zu einem ‚anderen‘ Chrétien. Die Nachkriegsforschung über den ‚Conte du Graal‘, in: Literarisches Leben. Festschrift für Volker Mertens, hg. v. Matthias Meyer und Hans-Jochen Schiewer 2002, S. 871–892.

Wolfzettel 2003: Friedrich Wolfzettel, ‚Märchenhaftes‘ und märchenloses Mittelalter – Eine historische Gewinn- und Verlustrechnung, in: Spurensuche in Sprach- und Geschichtslandschaften – Festschrift für Ernst Erich Metzner, Münster u. a. 2003, S. 569–587.

Woodman, Anthony J.: Rhetoric in Classical Historiography, London etc. 1988.